El Pequeño Tamborilero

Loren Long

Editorial Juventud

Título original: Drummer Boy
Publicado con el acuerdo de Philomel Books,
una división de Penguin Young Readers Group (Penguin Group USA Inc.)
Todos los derechos reservados
© Loren Long, 2008
© edición española:
EDITORIAL JUVENTUD, S. A., 2009
Provença, 101 - 08029 Barcelona
info@editorialjuventud.es
www.editorialjuventud.es
Traducción: Raquel Solà Garcia
Primera edición: 2009
ISBN: 978-84-261-3749-4
Depósito legal: B. 33.530-2009
Núm. de edición de E. J.: 12.199
Impreso en España - *Printed in Spain*
ANMAN, c/ Llobateres, 16 - Pol. Ind. Santiga
08210 Barberà del Vallès (Barcelona)

A la generosa Stella

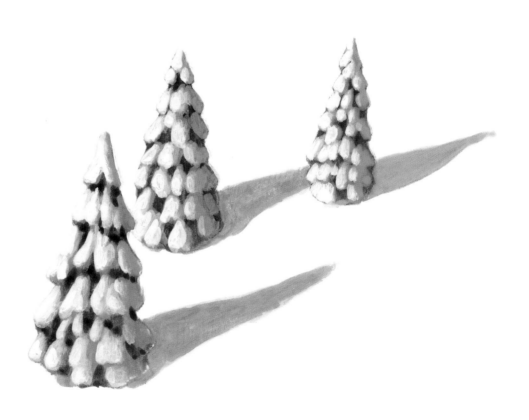

En una pequeña ciudad no muy lejos de aquí, pocos días antes de Navidad, dejaron un paquete en la puerta de una casa cualquiera con una nota que rezaba así: «Ábrelo ahora y empieza a disfrutar ya del espíritu navideño». Y eso es lo que hizo el niño. Abrió el paquete y encontró a un pequeño tamborilero que, erguido frente a él, empezó a tocar su tambor.

–¡Es justo lo que quería! –dijo el niño.

Y el corazón del tamborilero se enterneció.

Al niño le encantaba el pequeño tambor y jugaba con él a todas
horas. Y el tamborilero, siempre que podía, cuando todo estaba en
silencio se ponía derecho y tocaba su tambor para el niño.
Rom rom-po-po-pom,
rom rom-po-po-pom.
Rom pom pom pom,
rom pom pom pom.

Una mañana, el tamborilero estaba en la mesilla de noche. Sin darse cuenta, el perro lo barrió con la cola y fue a parar a la papelera.

No era un buen lugar para un tamborilero; no sabía subir. Después, la mamá vació la papelera a un cubo de la basura aún más grande, y lo dejó sobre la acera. Antes de que pudiese darse cuenta, dos hombres lo vaciaron y echaron al tamborilero dentro de un gran camión y se alejaron. Dentro del camión abarrotado, el pequeño tamborilero iba de un lado a otro. Pero no se quejó; sólo sujetó aún más fuerte sus baquetas y su tambor.

Hizo bien en sujetar bien las baquetas y el tambor porque, cuando el camión llegó al vertedero de la ciudad vació toda su carga. El pequeño tamborilero se encontró encima de una montaña de basura. Una rata malhumorada, que estaba por allí hurgando en busca de sobras de comida, se lo quedó mirando y le gruñó.

A pesar del mal recibimiento en aquel horrible lugar, sujetó sus baquetas con fuerza y empezó a tocar su tambor.

Rom rom-po-po-pom,
rom rom-po-po-pom.
Rom pom pom pom,
rom pom pom pom.

La rata suavizó su gruñido y se alejó tranquilamente.

Pero el pequeño tamborilero apenas tuvo el tiempo de tocar una canción, pues una lechuza, de repente, lo atrapó con sus garras y se lo llevó volando hacia el campo. Lo dejó en lo alto de un viejo árbol donde había un nido de polluelos de lechuza. Allí, unas crías hambrientas y chillonas acercaron sus picos hacia él.

Entonces, el pequeño tamborilero empezó a tocar su tambor.

Rom rom-po-po-pom,
rom rom-po-po-pom.
Rom pom pom pom,
rom pom pom pom.
Los polluelos callaron y se arrebujaron
dispuestos a dormir.

Pero antes de que el tamborilero se diese cuenta,
la mamá lechuza regresó, lo agarró y se lo llevó volando
a la ciudad, donde lo dejó en la punta de un campanario.

Se hizo de noche y el pequeño tamborilero estaba asustado y solo.
Pero cuando miró a la ciudad nevada que se extendía a sus pies le
pareció que también estaba sola. De modo que se irguió y tocó su
tambor.

Rom rom-po-po-pom,
rom rom-po-po-pom.
Rom pom pom pom,
rom pom pom pom.
La ciudad lo escuchó y quedó en paz.

A la mañana siguiente sopló una fuerte ventisca, y el pequeño tambor salió volando de la torre del campanario empujado por el viento. Y mientras iba cayendo, sujetaba sus baquetas y su tambor lo más fuerte que podía. El tamborilero aterrizó sobre un espino, y una espina le atravesó. No podía moverse y, mientras estaba allí quieto, observó que el día volvía a convertirse en noche.

Lo único que podía ver era el cielo,
que lentamente se cubrió de estrellas.

El tamborilero, sin prestar atención a la afilada espina, tocó su tambor para ellas.

Rom rom-po-po-pom,
rom rom-po-po-pom.
Rom pom pom pom,
rom pom pom pom.

Las estrellas titilaron al ritmo de su tambor.

¿Se había dormido? De repente, un perro lo agarró con sus largos dientes por el cuello. El perro tiró de él hasta arrancarlo del espino y se lo llevó. Después de rondar por la ciudad, finalmente lo dejó a los pies de un gran muñeco de nieve.

Otra vez lo habían dejado solo en la fría noche.

Cuando un viento de borrasca empezó a soplar,
el tamborilero se quedó mirando fijamente los ojos
de carbón del muñeco de nieve.

Y tocó su tambor para él.

Rom rom-po-po-pom,
rom rom-po-po-pom.
Rom pom pom pom,
rom pom pom pom.

La calidez de su música hizo estremecer al muñeco
de nieve.

Esa noche, un mapache se llevó al tamborilero a un lugar donde había piedras erguidas y estatuas repartidas en un campo cubierto de nieve.

El tamborilero no sabía dónde estaba. Pensó en el niño y en el cálido hogar que conocía. Pensó en el vertedero y la rata y las lechuzas y la ciudad y las estrellas y el muñeco de nieve con los ojos de carbón.

El pequeño tamborilero se sentía perdido.

Las estatuas y las piedras lo rodeaban, casi como si estuviesen esperando.

De modo que, con el corazón apesadumbrado, empezó a tocar su tambor para ellas.

Rom rom-po-po-pom,
rom rom-po-po-pom.
Rom pom pom pom,
rom pom pom pom.

Y la nieve caía.

Por la mañana, lo despertó una voz familiar.

–¡Feliz Navidad, abuelito!

El niño no veía al tamborilero, puesto que estaba casi cubierto por la nieve recién caída.

Pero cuando el niño depositó las flores en la tumba de su abuelo, vio algo que sobresalía entre la nieve, allí cerca.

–¡Mamá, papá, mirad! –dijo el niño sorprendido–. ¡Mi pequeño tamborilero está aquí!

Y se llevó al tamborilero a casa.

Después de la cena de Navidad, encendieron todas las velas
y toda la familia se reunió para cantar villancicos.

El niño estaba sentado frente al tamborilero, inmerso en la magia
del momento, y de pronto se sintió lleno del espíritu de la Navidad.

Se levantó y llevó al pequeño tamborilero a la repisa de la chimenea
donde estaba el pesebre y lo colocó con cuidado a los pies de la cuna.

El tamborilero miró al bebé que tenía delante.
Inspiró profundamente y empezó a tocar el tambor
como nunca antes había tocado.

Rom rom-po-po-pom,
rom rom-po-po-pom.
Rom pom pom pom,
rom pom pom pom.

Y el corazón del pequeño tamborilero se enterneció.